큐티(Quiet Time)는 하나님과 일대일로 만나는 시간입니다.
이 시간에 개인적으로 하나님 앞에 나아가 조용히 하나님의 말씀을 듣고
하나님께 자신의 마음을 아룁니다.

| | |
|---|---|
| **오늘의 말씀** | 오늘 묵상할 본문 말씀의 주소(장, 절)를 적습니다. |
| **핵심 성경구절** | 오늘 묵상한 말씀 중에서 자신에게 가장 와 닿는 성경구절을 적습니다. |
| **내게 주시는 교훈** | 하나님께서 말씀을 통해 나에게 가르쳐 주시는 교훈을 적습니다. |

> **예** 회개해야 할 죄가 있는가?
> 따라야 할 모범이 있는가?
> 감사해야 할 제목이 있는가?
> 순종해야 할 명령이 있는가?

| | |
|---|---|
| **하나님은 어떤 분이신가?** | 오늘 말씀을 통해 알게 된 하나님에 대해 새롭게 알게 된 사실을 적습니다. |

> **예** 하나님은 어떤 분이신가?
> 성령님은 어떤 분이신가?
> 예수님은 어떤 분이신가?

| | |
|---|---|
| **적용과 실천** | 묵상한 말씀 중에서 오늘 구체적으로 실천할 일은 무엇인지 적습니다. |
| **오늘의 기도** | 말씀 묵상을 마치면서 하나님께 감사하고 도움을 구할 일을 이야기하듯이 적습니다. |

DATE



*everyday QT note*

핵심 성경구절

내게 주시는 교훈

하나님은 어떤 분이신가?

적용과 실천

오늘의 기도

핵심 성경구절

내게 주시는 교훈

하나님은 어떤 분이신가?

적용과 실천

오늘의 기도

DATE



*everyday QT note*

핵심 성경구절

내게 주시는 교훈

하나님은 어떤 분이신가?

적용과 실천

오늘의 기도

오늘의 말씀

*everyday QT note*

핵심 성경구절

내게 주시는 교훈

하나님은 어떤 분이신가?

적용과 실천

오늘의 기도

DATE

DATE

오늘의 말씀

핵심 성경구절

내게 주시는 교훈

하나님은 어떤 분이신가?

적용과 실천

오늘의 기도

오늘의 말씀

*everyday QT note*

핵심 성경구절

내게 주시는 교훈

하나님은 어떤 분이신가?

적용과 실천

오늘의 기도

DATE



*everyday QT note*

**핵심 성경구절**

**내게 주시는 교훈**

**하나님은 어떤 분이신가?**

**적용과 실천**

**오늘의 기도**

오늘의 말씀

*everyday QT note*

핵심 성경구절

내게 주시는 교훈

하나님은 어떤 분이신가?

적용과 실천

오늘의 기도

오늘의 말씀

*everyday QT note*

핵심 성경구절

내게 주시는 교훈

하나님은 어떤 분이신가?

적용과 실천

오늘의 기도



핵심 성경구절

오늘의 말씀

*everyday QT note*

핵심 성경구절

내게 주시는 교훈

하나님은 어떤 분이신가?

적용과 실천

오늘의 기도

DATE



everyday QT note

핵심 성경구절

내게 주시는 교훈

하나님은 어떤 분이신가?

적용과 실천

오늘의 기도



핵심 성경구절

오늘의 말씀

*everyday QT note*

핵심 성경구절

내게 주시는 교훈

하나님은 어떤 분이신가?

적용과 실천

오늘의 기도

DATE



everyday QT note

핵심 성경구절

내게 주시는 교훈

하나님은 어떤 분이신가?

적용과 실천

오늘의 기도

DATE .　　.　　.

오늘의 말씀

핵심 성경구절

내게 주시는 교훈

하나님은 어떤 분이신가?

적용과 실천

오늘의 기도

오늘의 말씀

*everyday QT note*

핵심 성경구절

내게 주시는 교훈

하나님은 어떤 분이신가?

적용과 실천

오늘의 기도

오늘의말씀

*everyday QT note*

핵심 성경구절

내게 주시는 교훈

하나님은 어떤 분이신가?

적용과 실천

오늘의 기도

오늘의 말씀

*everyday QT note*

핵심 성경구절

내게 주시는 교훈

하나님은 어떤 분이신가?

적용과 실천

오늘의 기도

오늘의 말씀

*everyday QT note*

핵심 성경구절

내게 주시는 교훈

하나님은 어떤 분이신가?

적용과 실천

오늘의 기도

오늘의 말씀

*everyday QT note*

핵심 성경구절

내게 주시는 교훈

하나님은 어떤 분이신가?

적용과 실천

오늘의 기도

오늘의 말씀

*everyday QT note*

핵심 성경구절

내게 주시는 교훈

하나님은 어떤 분이신가?

적용과 실천

오늘의 기도

오늘의 말씀

*everyday QT note*

핵심 성경구절

내게 주시는 교훈

하나님은 어떤 분이신가?

적용과 실천

오늘의 기도

DATE



*everyday QT note*

**핵심 성경구절**

**내게 주시는 교훈**

**하나님은 어떤 분이신가?**

**적용과 실천**

**오늘의 기도**

오늘의 말씀

*everyday QT note*

핵심 성경구절

내게 주시는 교훈

하나님은 어떤 분이신가?

적용과 실천

오늘의 기도

오늘의 말씀

*everyday QT note*

핵심 성경구절

내게 주시는 교훈

하나님은 어떤 분이신가?

적용과 실천

오늘의 기도

오늘의 말씀

*everyday QT note*

핵심 성경구절

내게 주시는 교훈

하나님은 어떤 분이신가?

적용과 실천

오늘의 기도

오늘의 말씀

*everyday QT note*

핵심 성경구절

내게 주시는 교훈

하나님은 어떤 분이신가?

적용과 실천

오늘의 기도

DATE



*everyday QT note*

핵심 성경구절

내게 주시는 교훈

하나님은 어떤 분이신가?

적용과 실천

오늘의 기도

오늘의 말씀

*everyday QT note*

핵심 성경구절

내게 주시는 교훈

하나님은 어떤 분이신가?

적용과 실천

오늘의 기도

DATE



*everyday QT note*

핵심 성경구절

내게 주시는 교훈

하나님은 어떤 분이신가?

적용과 실천

오늘의 기도

오늘의 말씀

*everyday QT note*

핵심 성경구절

내게 주시는 교훈

하나님은 어떤 분이신가?

적용과 실천

오늘의 기도

오늘의 말씀

*everyday QT note*

핵심 성경구절

내게 주시는 교훈

하나님은 어떤 분이신가?

적용과 실천

오늘의 기도

오늘의 말씀

*everyday QT note*

핵심 성경구절

내게 주시는 교훈

하나님은 어떤 분이신가?

적용과 실천

오늘의 기도

DATE



*everyday QT note*

핵심 성경구절

내게 주시는 교훈

하나님은 어떤 분이신가?

적용과 실천

오늘의 기도

오늘의 말씀

*everyday QT note*

핵심 성경구절

내게 주시는 교훈

하나님은 어떤 분이신가?

적용과 실천

오늘의 기도

오늘의 말씀

*everyday QT note*

핵심 성경구절

내게 주시는 교훈

하나님은 어떤 분이신가?

적용과 실천

오늘의 기도



핵심 성경구절

DATE



*everyday QT note*

핵심 성경구절

내게 주시는 교훈

하나님은 어떤 분이신가?

적용과 실천

오늘의 기도

오늘의 말씀

*everyday QT note*

**핵심 성경구절**

**내게 주시는 교훈**

**하나님은 어떤 분이신가?**

**적용과 실천**

**오늘의 기도**

오늘의 말씀

*everyday QT note*

핵심 성경구절

내게 주시는 교훈

하나님은 어떤 분이신가?

적용과 실천

오늘의 기도

오늘의 말씀

*everyday QT note*

핵심 성경구절

내게 주시는 교훈

하나님은 어떤 분이신가?

적용과 실천

오늘의 기도



핵심 성경구절

오늘의 말씀

*everyday QT note*

핵심 성경구절

내게 주시는 교훈

하나님은 어떤 분이신가?

적용과 실천

오늘의 기도

오늘의 말씀

*everyday QT note*

핵심 성경구절

내게 주시는 교훈

하나님은 어떤 분이신가?

적용과 실천

오늘의 기도

오늘의 말씀

*everyday QT note*

핵심 성경구절

내게 주시는 교훈

하나님은 어떤 분이신가?

적용과 실천

오늘의 기도

오늘의 말씀

*everyday QT note*

핵심 성경구절

내게 주시는 교훈

하나님은 어떤 분이신가?

적용과 실천

오늘의 기도

오늘의 말씀

*everyday QT note*

핵심 성경구절

내게 주시는 교훈

하나님은 어떤 분이신가?

적용과 실천

오늘의 기도

오늘의 말씀

everyday QT note

핵심 성경구절

내게 주시는 교훈

하나님은 어떤 분이신가?

적용과 실천

오늘의 기도

오늘의 말씀

everyday QT note

핵심 성경구절

내게 주시는 교훈

하나님은 어떤 분이신가?

적용과 실천

오늘의 기도

오늘의 말씀

*everyday QT note*

핵심 성경구절

내게 주시는 교훈

하나님은 어떤 분이신가?

적용과 실천

오늘의 기도

오늘의 말씀

*everyday QT note*

핵심 성경구절

내게 주시는 교훈

하나님은 어떤 분이신가?

적용과 실천

오늘의 기도

오늘의 말씀

*everyday QT note*

핵심 성경구절

내게 주시는 교훈

하나님은 어떤 분이신가?

적용과 실천

오늘의 기도

DATE

오늘의 말씀



핵심 성경구절

내게 주시는 교훈

하나님은 어떤 분이신가?

적용과 실천

오늘의 기도

오늘의 말씀

*everyday QT note*

핵심 성경구절

내게 주시는 교훈

하나님은 어떤 분이신가?

적용과 실천

오늘의 기도



핵심 성경구절

오늘의말씀

*everyday QT note*

핵심 성경구절

내게 주시는 교훈

하나님은 어떤 분이신가?

적용과 실천

오늘의 기도

오늘의 말씀

*everyday QT note*

핵심 성경구절

내게 주시는 교훈

하나님은 어떤 분이신가?

적용과 실천

오늘의 기도

오늘의말씀

*everyday QT note*

핵심 성경구절

내게 주시는 교훈

하나님은 어떤 분이신가?

적용과 실천

오늘의 기도



핵심 성경구절

오늘의 말씀

everyday QT note

핵심 성경구절

내게 주시는 교훈

하나님은 어떤 분이신가?

적용과 실천

오늘의 기도

오늘의 말씀

*everyday QT note*

핵심 성경구절

내게 주시는 교훈

하나님은 어떤 분이신가?

적용과 실천

오늘의 기도

오늘의 말씀

*everyday QT note*

핵심 성경구절

내게 주시는 교훈

하나님은 어떤 분이신가?

적용과 실천

오늘의 기도

오늘의 말씀

*everyday QT note*

핵심 성경구절

내게 주시는 교훈

하나님은 어떤 분이신가?

적용과 실천

오늘의 기도

DATE



*everyday QT note*

핵심 성경구절

내게 주시는 교훈

하나님은 어떤 분이신가?

적용과 실천

오늘의 기도

DATE



*everyday QT note*

핵심 성경구절

내게 주시는 교훈

하나님은 어떤 분이신가?

적용과 실천

오늘의 기도

오늘의 말씀

*everyday QT note*

핵심 성경구절

내게 주시는 교훈

하나님은 어떤 분이신가?

적용과 실천

오늘의 기도

오늘의 말씀

*everyday QT note*

핵심 성경구절

내게 주시는 교훈

하나님은 어떤 분이신가?

적용과 실천

오늘의 기도

DATE



핵심 성경구절

내게 주시는 교훈

하나님은 어떤 분이신가?

적용과 실천

오늘의 기도

오늘의 말씀

*everyday QT note*

핵심 성경구절

내게 주시는 교훈

하나님은 어떤 분이신가?

적용과 실천

오늘의 기도

# 맥 체인 성경읽기표

<맥체인 성경읽기표>를 따라 성경을 읽으면 1년에 신약과 시편은 두번, 시편을 제외한 구약은 한번 읽게 됩니다.
앞의 두 장은 가족이 함께 뒤의 두장은 개인이 읽으면 좋습니다.

## 01 January

| | |
|---|---|
| 1 | 창1 \| 마1 \| 스1 \| 행1 |
| 2 | 창2 \| 마2 \| 스2 \| 행2 |
| 3 | 창4 \| 마4 \| 스4 \| 행4 |
| 4 | 창5 \| 마5 \| 스5 \| 행5 |
| 5 | 창6 \| 마6 \| 스6 \| 행6 |
| 6 | 창7 \| 마7 \| 스7 \| 행7 |
| 7 | 창8 \| 마8 \| 스8 \| 행8 |
| 8 | 창8 \| 마8 \| 스8 \| 행8 |
| 9 | 창9~10 \| 마9 \| 스9 \| 행9 |
| 10 | 창11 \| 마10 \| 스10 \| 행10 |
| 11 | 창12 \| 마11 \| 느1 \| 행11 |
| 12 | 창13 \| 마12 \| 느2 \| 행12 |
| 13 | 창14 \| 마13 \| 느3 \| 행13 |
| 14 | 창15 \| 마14 \| 느4 \| 행14 |
| 15 | 창16 \| 마15 \| 느5 \| 행15 |
| 16 | 창17 \| 마16 \| 느6 \| 행16 |
| 17 | 창18 \| 마17 \| 느7 \| 행17 |
| 18 | 창19 \| 마18 \| 느8 \| 행18 |
| 19 | 창20 \| 마19 \| 느9 \| 행19 |
| 20 | 창21 \| 마20 \| 느10 \| 행20 |
| 21 | 창22 \| 마21 \| 느11 \| 행21 |
| 22 | 창23 \| 마22 \| 느12 \| 행22 |
| 23 | 창24 \| 마23 \| 느13 \| 행23 |
| 24 | 창25 \| 마24 \| 에1 \| 행24 |
| 25 | 창26 \| 마25 \| 에2 \| 행25 |
| 26 | 창27 \| 마26 \| 에3 \| 행26 |
| 27 | 창28 \| 마27 \| 에4 \| 행27 |
| 28 | 창29 \| 마28 \| 에5 \| 행28 |
| 29 | 창30 \| 막1 \| 에6 \| 롬1 |
| 30 | 창31 \| 막2 \| 에7 \| 롬2 |
| 31 | 창32 \| 막3 \| 에8 \| 롬3 |

## 02 February

| | |
|---|---|
| 1 | 창33 \| 막4 \| 에9~10 \| 롬4 |
| 2 | 창34 \| 막5 \| 욥1 \| 롬5 |
| 3 | 창35~36 \| 막6 \| 욥2 \| 롬6 |
| 4 | 창37 \| 막7 \| 욥3 \| 롬7 |
| 5 | 창38 \| 막8 \| 욥4 \| 롬8 |
| 6 | 창39 \| 막9 \| 욥5 \| 롬9 |
| 7 | 창40 \| 막10 \| 욥6 \| 롬10 |
| 8 | 창41 \| 막11 \| 욥7 \| 롬11 |
| 9 | 창42 \| 막12 \| 욥8 \| 롬12 |
| 10 | 창43 \| 막13 \| 욥9 \| 롬13 |
| 11 | 창44 \| 막14 \| 욥10 \| 롬14 |
| 12 | 창45 \| 막15 \| 욥11 \| 롬15 |
| 13 | 창46 \| 막16 \| 욥12 \| 롬16 |
| 14 | 창47 \| 눅1:1~38 \| 욥13 \| 고전1 |
| 15 | 창48 \| 눅1:39~80 \| 욥14 \| 고전2 |
| 16 | 창49 \| 눅2 \| 욥15 \| 고전3 |
| 17 | 창50 \| 눅3 \| 욥16~17 \| 고전4 |
| 18 | 출1 \| 눅4 \| 욥18 \| 고전5 |
| 19 | 출2 \| 눅5 \| 욥19 \| 고전6 |
| 20 | 출3 \| 눅6 \| 욥20 \| 고전7 |
| 21 | 출4 \| 눅7 \| 욥21 \| 고전8 |
| 22 | 출5 \| 눅8 \| 욥22 \| 고전9 |
| 23 | 출6 \| 눅9 \| 욥23 \| 고전10 |
| 24 | 출7 \| 눅10 \| 욥24 \| 고전11 |
| 25 | 출8 \| 눅11 \| 욥25~26 \| 고전12 |
| 26 | 출9 \| 눅12 \| 욥27 \| 고전13 |
| 27 | 출10 \| 눅13 \| 욥28 \| 고전14 |
| 28 | 출11:1~12:28 \| 눅14 \| 욥29 \| 고전15 |

## 03 March

| | |
|---|---|
| 1 | 출12:29~51 \| 눅15 \| 욥30 \| 고전16 |
| 2 | 출13 \| 눅16 \| 욥31 \| 고후1 |
| 3 | 출14 \| 눅17 \| 욥32 \| 고후2 |
| 4 | 출15 \| 눅18 \| 욥33 \| 고후3 |
| 5 | 출16 \| 눅19 \| 욥34 \| 고후4 |
| 6 | 출17 \| 눅20 \| 욥35 \| 고후5 |
| 7 | 출18 \| 눅21 \| 욥36 \| 고후6 |
| 8 | 출19 \| 눅22 \| 욥37 \| 고후7 |
| 9 | 출20 \| 눅23 \| 욥38 \| 고후8 |
| 10 | 출21 \| 눅24 \| 욥39 \| 고후9 |
| 11 | 출22 \| 요1 \| 욥40 \| 고후10 |
| 12 | 출23 \| 요2 \| 욥41 \| 고후11 |
| 13 | 출24 \| 요3 \| 욥42 \| 고후12 |
| 14 | 출25 \| 요4 \| 잠1 \| 고후13 |
| 15 | 출26 \| 요5 \| 잠2 \| 갈1 |
| 16 | 출27 \| 요6 \| 잠3 \| 갈2 |
| 17 | 출28 \| 요7 \| 잠4 \| 갈3 |
| 18 | 출29 \| 요8 \| 잠5 \| 갈4 |
| 19 | 출30 \| 요9 \| 잠6 \| 갈5 |
| 20 | 출31 \| 요10 \| 잠7 \| 갈6 |
| 21 | 출32 \| 요11 \| 잠8 \| 엡1 |
| 22 | 출33 \| 요12 \| 잠9 \| 엡2 |
| 23 | 출34 \| 요13 \| 잠10 \| 엡3 |
| 24 | 출35 \| 요14 \| 잠11 \| 엡4 |
| 25 | 출36 \| 요15 \| 잠12 \| 엡5 |
| 26 | 출37 \| 요16 \| 잠13 \| 엡6 |
| 27 | 출38 \| 요17 \| 잠14 \| 빌1 |
| 28 | 출39 \| 요18 \| 잠15 \| 빌2 |
| 29 | 출40 \| 요19 \| 잠16 \| 빌3 |
| 30 | 레1 \| 요20 \| 잠17 \| 빌4 |
| 31 | 레2~3 \| 요21 \| 잠18 \| 골1 |

## 04 April

| | | | | |
|---|---|---|---|---|
| 1 | 레[illegible] | 시1~2 | 잠19 | 골2 |
| 2 | 레[illegible] | 시3~4 | 잠20 | 골3 |
| 3 | 레[illegible] | 시5~6 | 잠21 | 골4 |
| 4 | 레[illegible] | 시7~8 | 잠22 | 살전1 |
| 5 | 레[illegible] | 시9 | 잠23 | 살전2 |
| 6 | 레[illegible] | 시10 | 잠24 | 살전3 |
| 7 | 레10 | 시11~12 | 잠25 | 살전4 |
| 8 | 레11~12 | 시13~14 | 잠26 | 살전5 |
| 9 | 레13 | 시15~16 | 잠27 | 살후1 |
| 10 | 레14 | 시17 | 잠28 | 살후2 |
| 11 | 레15 | 시18 | 잠29 | 살후3 |
| 12 | 레16 | 시19 | 잠30 | 딤전1 |
| 13 | 레17 | 시20~21 | 잠31 | 딤전2 |
| 14 | 레18 | 시22 | 전1 | 딤전3 |
| 15 | 레19 | 시23~24 | 전2 | 딤전4 |
| 16 | 레20 | 시25 | 전3 | 딤전5 |
| 17 | 레21 | 시26~27 | 전4 | 딤전6 |
| 18 | 레22 | 시28~29 | 전5 | 딤후1 |
| 19 | 레23 | 시30 | 전6 | 딤후2 |
| 20 | 레24 | 시31 | 전7 | 딤후3 |
| 21 | 레25 | 시32 | 전8 | 딤후4 |
| 22 | 레26 | 시33 | 전9 | 딛1 |
| 23 | 레27 | 시34 | 전10 | 딛2 |
| 24 | 민1 | 시35 | 전11 | 딛3 |
| 25 | 민2 | 시36 | 전12 | 몬1 |
| 26 | 민3 | 시37 | 아1 | 히1 |
| 27 | 민4 | 시38 | 아2 | 히2 |
| 28 | 민5 | 시39 | 아3 | 히3 |
| 29 | 민6 | 시40~41 | 아4 | 히4 |
| 30 | 민7 | 시42~43 | 아5 | 히5 |

## 05 May

| | | | | |
|---|---|---|---|---|
| 1 | 민8 | 시44 | 아6 | 히6 |
| 2 | 민9 | 시45 | 아7 | 히7 |
| 3 | 민10 | 시46~47 | 아8 | 히8 |
| 4 | 민11 | 시48 | 사1 | 히9 |
| 5 | 민12~13 | 시49 | 사2 | 히10 |
| 6 | 민14 | 시50 | 사3~4 | 히11 |
| 7 | 민15 | 시51 | 사5 | 히12 |
| 8 | 민16 | 시52~54 | 사6 | 히13 |
| 9 | 민17~18 | 시55 | 사7 | 약1 |
| 10 | 민19 | 시56~57 | 사8:1~9:7 | 약2 |
| 11 | 민20 | 시58~59 | 사9:3~10:4 | 약3 |
| 12 | 민21 | 시60~61 | 사10:5~34 | 약4 |
| 13 | 민22 | 시62~63 | 사11~12 | 약5 |
| 14 | 민23 | 시64~65 | 사13 | 벧전1 |
| 15 | 민24 | 시66~67 | 사14 | 벧전2 |
| 16 | 민25 | 시68 | 사15 | 벧전3 |
| 17 | 민26 | 시69 | 사16 | 벧전4 |
| 18 | 민27 | 시70~71 | 사17~18 | 벧전5 |
| 19 | 민28 | 시72 | 사19~20 | 벧후1 |
| 20 | 민29 | 시73 | 사21 | 벧후2 |
| 21 | 민30 | 시74 | 사22 | 벧후3 |
| 22 | 민31 | 시75~76 | 사23 | 요일1 |
| 23 | 민32 | 시77 | 사24 | 요일2 |
| 24 | 민33 | 시78:1~37 | 사25 | 요일3 |
| 25 | 민34 | 시78:38~72 | 사26 | 요일4 |
| 26 | 민35 | 시79 | 사27 | 요일5 |
| 27 | 민36 | 시80 | 사28 | 요이1 |
| 28 | 신1 | 시81~82 | 사29 | 요삼1 |
| 29 | 신2 | 시83~84 | 사30 | 유1 |
| 30 | 신3 | 시85 | 사31 | 계1 |
| 31 | 신4 | 시86~87 | 사32 | 계2 |

## 06 June

| | | | | |
|---|---|---|---|---|
| 1 | 신5 | 시88 | 사33 | 계3 |
| 2 | 신6 | 시89 | 사34 | 계4 |
| 3 | 신7 | 시90 | 사35 | 계5 |
| 4 | 신8 | 시91 | 사36 | 계6 |
| 5 | 신9 | 시92~93 | 사37 | 계7 |
| 6 | 신10 | 시94 | 사38 | 계8 |
| 7 | 신11 | 시95~96 | 사39 | 계9 |
| 8 | 신12 | 시97~98 | 사40 | 계10 |
| 9 | 신13~14 | 시99~101 | 사41 | 계11 |
| 10 | 신15 | 시102 | 사42 | 계12 |
| 11 | 신16 | 시103 | 사43 | 계13 |
| 12 | 신17 | 시104 | 사44 | 계14 |
| 13 | 신18 | 시105 | 사45 | 계15 |
| 14 | 신19 | 시106 | 사46 | 계16 |
| 15 | 신20 | 시107 | 사47 | 계17 |
| 16 | 신21 | 시108~109 | 사48 | 계18 |
| 17 | 신22 | 시110~111 | 사49 | 계19 |
| 18 | 신23 | 시112~113 | 사50 | 계20 |
| 19 | 신24 | 시114~115 | 사51 | 계21 |
| 20 | 신25 | 시116 | 사52 | 계22 |
| 21 | 신26 | 시117~118 | 사53 | 마1 |
| 22 | 신27:1~28:19 | 시119:1~24 | 사54 | 마2 |
| 23 | 신28:20~68 | 시119:25~48 | 사55 | 마3 |
| 24 | 신29 | 시119:49~72 | 사56 | 마4 |
| 25 | 신30 | 시119:73~96 | 사57 | 마5 |
| 26 | 신31 | 시119:97~120 | 사58 | 마6 |
| 27 | 신32 | 시119:121~144 | 사59 | 마7 |
| 28 | 신33~34 | 시119:145~176 | 사60 | 마8 |
| 29 | 수1 | 시120~122 | 사61 | 마9 |
| 30 | 수2 | 시123~125 | 사62 | 마10 |

| | 07 July | | 08 August | | 09 September |
|---|---|---|---|---|---|
| 1 | 수3 | 시126~128 | 사63 | 마11 | 1 | 삿15 | 행19 | 렘28 | 막14 | 1 | 삼상25 | 고전6 | 겔4 | 시40~41 |
| 2 | 수4 | 시129~131 | 사64 | 마12 | 2 | 삿16 | 행20 | 렘29 | 막15 | 2 | 삼상26 | 고전7 | 겔5 | 시42~43 |
| 3 | 수5:1~6:5 | 시132~134 | 사65 | 마13 | 3 | 삿17 | 행21 | 렘30~31 | 막16 | 3 | 삼상27 | 고전8 | 겔6 | 시44 |
| 4 | 수6:6~27 | 시135~136 | 사66 | 마14 | 4 | 삿18 | 행22 | 렘32 | 시1~2 | 4 | 삼상28 | 고전9 | 겔7 | 시45~46 |
| 5 | 수7 | 시137~138 | 렘1 | 마15 | 5 | 삿19 | 행23 | 렘33 | 시3~4 | 5 | 삼상29~30 | 고전10 | 겔8 | 시47 |
| 6 | 수8 | 시139 | 렘2 | 마16 | 6 | 삿20 | 행24 | 렘34 | 시5~6 | 6 | 삼상31 | 고전11 | 겔9 | 시48 |
| 7 | 수9 | 시140~141 | 렘3 | 마17 | 7 | 삿21 | 행25 | 렘35 | 시7~8 | 7 | 삼하1 | 고전12 | 겔10 | 시49 |
| 8 | 수10 | 시142~143 | 렘4 | 마18 | 8 | 룻1 | 행26 | 렘36~37 | 시9 | 8 | 삼하2 | 고전13 | 겔11 | 시50 |
| 9 | 수11 | 시144 | 렘5 | 마19 | 9 | 룻2 | 행27 | 렘38 | 시10 | 9 | 삼하3 | 고전14 | 겔12 | 시51 |
| 10 | 수12~13 | 시145 | 렘6 | 마20 | 10 | 룻3~4 | 행28 | 렘39 | 시11~12 | 10 | 삼하4~5 | 고전15 | 겔13 | 시52~54 |
| 11 | 수14~15 | 시146~147 | 렘7 | 마21 | 11 | 삼상1 | 롬1 | 렘40 | 시13~14 | 11 | 삼하6 | 고전16 | 겔14 | 시55 |
| 12 | 수16~17 | 시148 | 렘8 | 마22 | 12 | 삼상2 | 롬2 | 렘41 | 시15~16 | 12 | 삼하7 | 고후1 | 겔15 | 시56~57 |
| 13 | 수18~19 | 시149~150 | 렘9 | 마23 | 13 | 삼상3 | 롬3 | 렘42 | 시17 | 13 | 삼하8~9 | 고후2 | 겔16 | 시58~59 |
| 14 | 수20~21 | 행1 | 렘10 | 마24 | 14 | 삼상4 | 롬4 | 렘43 | 시18 | 14 | 삼하10 | 고후3 | 겔17 | 시60~61 |
| 15 | 수22 | 행2 | 렘11 | 마25 | 15 | 삼상5~6 | 롬5 | 렘44 | 시19 | 15 | 삼하11 | 고후4 | 겔18 | 시62~63 |
| 16 | 수23 | 행3 | 렘12 | 마26 | 16 | 삼상7~8 | 롬6 | 렘45 | 시20~21 | 16 | 삼하12 | 고후5 | 겔19 | 시64~65 |
| 17 | 수24 | 행4 | 렘13 | 마27 | 17 | 삼상9 | 롬7 | 렘46 | 시22 | 17 | 삼하13 | 고후6 | 겔20 | 시66~67 |
| 18 | 삿1 | 행5 | 렘14 | 마28 | 18 | 삼상10 | 롬8 | 렘47 | 시23~24 | 18 | 삼하14 | 고후7 | 겔21 | 시68 |
| 19 | 삿2 | 행6 | 렘15 | 막1 | 19 | 삼상11 | 롬9 | 렘48 | 시25 | 19 | 삼하15 | 고후8 | 겔22 | 시69 |
| 20 | 삿3 | 행7 | 렘16 | 막2 | 20 | 삼상12 | 롬10 | 렘49 | 시26~27 | 20 | 삼하16 | 고후9 | 겔23 | 시70~71 |
| 21 | 삿4 | 행8 | 렘17 | 막3 | 21 | 삼상13 | 롬11 | 렘50 | 시28~29 | 21 | 삼하17 | 고후10 | 겔24 | 시72 |
| 22 | 삿5 | 행9 | 렘18 | 막4 | 22 | 삼상14 | 롬12 | 렘51 | 시30 | 22 | 삼하18 | 고후11 | 겔25 | 시73 |
| 23 | 삿6 | 행10 | 렘19 | 막5 | 23 | 삼상15 | 롬13 | 렘52 | 시31 | 23 | 삼하19 | 고후12 | 겔26 | 시74 |
| 24 | 삿7 | 행11 | 렘20 | 막6 | 24 | 삼상16 | 롬14 | 애1 | 시32 | 24 | 삼하20 | 고후13 | 겔27 | 시75~76 |
| 25 | 삿8 | 행12 | 렘21 | 막7 | 25 | 삼상17 | 롬15 | 애2 | 시33 | 25 | 삼하21 | 갈1 | 겔28 | 시77 |
| 26 | 삿9 | 행13 | 렘22 | 막8 | 26 | 삼상18 | 롬16 | 애3 | 시34 | 26 | 삼하22 | 갈2 | 겔29 | 시78:1~37 |
| 27 | 삿10:1~11:11 | 행14 | 렘23 | 막9 | 27 | 삼상19 | 고전1 | 애4 | 시35 | 27 | 삼하23 | 갈3 | 겔30 | 시78:38~72 |
| 28 | 삿11:12~40 | 행15 | 렘24 | 막10 | 28 | 삼상20 | 고전2 | 애5 | 시36 | 28 | 삼하24 | 갈4 | 겔31 | 시79 |
| 29 | 삿12 | 행16 | 렘25 | 막11 | 29 | 삼상21~22 | 고전3 | 겔1 | 시37 | 29 | 왕상1 | 갈5 | 겔32 | 시80 |
| 30 | 삿13 | 행17 | 렘26 | 막12 | 30 | 삼상23 | 고전4 | 겔2 | 시38 | 30 | 왕상2 | 갈6 | 겔33 | 시81~82 |
| 31 | 삿14 | 행18 | 렘27 | 막13 | 31 | 삼상24 | 고전5 | 겔3 | 시39 | | | | | |

| | 10 October | | 11 November | | 12 December |
|---|---|---|---|---|---|
| 1 | 왕상 3 \| 엡 1 \| 겔 34 \| 시 83~84 | 1 | 왕하 14 \| 딤후 4 \| 호 7 \| 시 120~122 | 1 | 대상 29 \| 벧후 3 \| 미 6 \| 눅 15 |
| 2 | 왕상 4-5 \| 엡 2 \| 겔 35 \| 시 85 | 2 | 왕하 15 \| 딛 1 \| 호 8 \| 시 123~125 | 2 | 대하 1 \| 요일 1 \| 미 7 \| 눅 16 |
| 3 | 왕상 6 \| 엡 3 \| 겔 36 \| 시 86 | 3 | 왕하 16 \| 딛 2 \| 호 9 \| 시 126~128 | 3 | 대하 2 \| 요일 2 \| 나 1 \| 눅 17 |
| 4 | 왕상 7 \| 엡 4 \| 겔 37 \| 시 87~88 | 4 | 왕하 17 \| 딛 3 \| 호 10 \| 시 129~131 | 4 | 대하 3~4 \| 요일 3 \| 나 2 \| 눅 18 |
| 5 | 왕상 8 \| 엡 5 \| 겔 38 \| 시 89 | 5 | 왕하 18 \| 몬 1 \| 호 11 \| 시 132~134 | 5 | 대하 5:1~6:11 \| 요일 4 \| 나 3 \| 눅 19 |
| 6 | 왕상 9 \| 엡 6 \| 겔 39 \| 시 90 | 6 | 왕하 19 \| 히 1 \| 호 12 \| 시 135~136 | 6 | 대하 6:12~42 \| 요일 5 \| 합 1 \| 눅 20 |
| 7 | 왕상 10 \| 빌 1 \| 겔 40 \| 시 91 | 7 | 왕하 20 \| 히 2 \| 호 13 \| 시 137~138 | 7 | 대하 7 \| 요이 1 \| 합 2 \| 눅 21 |
| 8 | 왕상 11 \| 빌 2 \| 겔 41 \| 시 92~93 | 8 | 왕하 21 \| 히 3 \| 호 14 \| 시 139 | 8 | 대하 8 \| 요삼 1 \| 합 3 \| 눅 22 |
| 9 | 왕상 12 \| 빌 3 \| 겔 42 \| 시 94 | 9 | 왕하 22 \| 히 4 \| 욜 1 \| 시 140~141 | 9 | 대하 9 \| 유 1 \| 습 1 \| 눅 23 |
| 10 | 왕상 13 \| 빌 4 \| 겔 43 \| 시 95~96 | 10 | 왕하 23 \| 히 5 \| 욜 2 \| 시 142 | 10 | 대하 10 \| 계 1 \| 습 2 \| 눅 24 |
| 11 | 왕상 14 \| 골 1 \| 겔 44 \| 시 97~98 | 11 | 왕하 24 \| 히 6 \| 욜 3 \| 시 143 | 11 | 대하 11~12 \| 계 2 \| 습 3 \| 요 1 |
| 12 | 왕상 15 \| 골 2 \| 겔 45 \| 시 99~101 | 12 | 왕하 25 \| 히 7 \| 암 1 \| 시 144 | 12 | 대하 13 \| 계 3 \| 학 1 \| 요 2 |
| 13 | 왕상 16 \| 골 3 \| 겔 46 \| 시 102 | 13 | 대상 1~2 \| 히 8 \| 암 2 \| 시 145 | 13 | 대하 14~15 \| 계 4 \| 학 2 \| 요 3 |
| 14 | 왕상 17 \| 골 4 \| 겔 47 \| 시 103 | 14 | 대상 3~4 \| 히 9 \| 암 3 \| 시 146~147 | 14 | 대하 16 \| 계 5 \| 슥 1 \| 요 4 |
| 15 | 왕상 18 \| 살전 1 \| 겔 48 \| 시 104 | 15 | 대상 5~6 \| 히 10 \| 암 4 \| 시 148~150 | 15 | 대하 17 \| 계 6 \| 슥 2 \| 요 5 |
| 16 | 왕상 19 \| 살전 2 \| 단 1 \| 시 105 | 16 | 대상 7~8 \| 히 11 \| 암 5 \| 눅 1:1~38 | 16 | 대하 18 \| 계 7 \| 슥 3 \| 요 6 |
| 17 | 왕상 20 \| 살전 3 \| 단 2 \| 시 106 | 17 | 대상 9~10 \| 히 12 \| 암 6 \| 눅 1:39~80 | 17 | 대하 19~20 \| 계 8 \| 슥 4 \| 요 7 |
| 18 | 왕상 21 \| 살전 4 \| 단 3 \| 시 107 | 18 | 대상 11~12 \| 히 13 \| 암 7 \| 눅 2 | 18 | 대하 21 \| 계 9 \| 슥 5 \| 요 8 |
| 19 | 왕상 22 \| 살전 5 \| 단 4 \| 시 108~109 | 19 | 대상 13~14 \| 약 1 \| 암 8 \| 눅 3 | 19 | 대하 22~23 \| 계 10 \| 슥 6 \| 요 9 |
| 20 | 왕하 1 \| 살후 1 \| 단 5 \| 시 110~111 | 20 | 대상 15 \| 약 2 \| 암 9 \| 눅 4 | 20 | 대하 24 \| 계 11 \| 슥 7 \| 요 10 |
| 21 | 왕하 2 \| 살후 2 \| 단 6 \| 시 112~113 | 21 | 대상 16 \| 약 3 \| 옵 1 \| 눅 5 | 21 | 대하 25 \| 계 12 \| 슥 8 \| 요 11 |
| 22 | 왕하 3 \| 살후 3 \| 단 7 \| 시 114~115 | 22 | 대상 17 \| 약 4 \| 욘 1 \| 눅 6 | 22 | 대하 26 \| 계 13 \| 슥 9 \| 요 12 |
| 23 | 왕하 4 \| 딤전 1 \| 단 8 \| 시 116 | 23 | 대상 18 \| 약 5 \| 욘 2 \| 눅 7 | 23 | 대하 27~28 \| 계 14 \| 슥 10 \| 요 13 |
| 24 | 왕하 5 \| 딤전 2 \| 단 9 \| 시 117~118 | 24 | 대상 19~20 \| 벧전 1 \| 욘 3 \| 눅 8 | 24 | 대하 29 \| 계 15 \| 슥 11 \| 요 14 |
| 25 | 왕하 6 \| 딤전 3 \| 단 10 \| 시 119:1~24 | 25 | 대상 21 \| 벧전 2 \| 욘 4 \| 눅 9 | 25 | 대하 30 \| 계 16 \| 슥 12:1~13:1 \| 요 15 |
| 26 | 왕하 7 \| 딤전 4 \| 단 11 \| 시 119:25~48 | 26 | 대상 22 \| 벧전 3 \| 미 1 \| 눅 10 | 26 | 대하 31 \| 계 17 \| 슥 13:2~9 \| 요 16 |
| 27 | 왕하 8 \| 딤전 5 \| 단 12 \| 시 119:49~72 | 27 | 대상 23 \| 벧전 4 \| 미 2 \| 눅 11 | 27 | 대하 32 \| 계 18 \| 슥 14 \| 요 17 |
| 28 | 왕하 9 \| 딤전 6 \| 호 1 \| 시 119:73~96 | 28 | 대상 24~25 \| 벧전 5 \| 미 3 \| 눅 12 | 28 | 대하 33 \| 계 19 \| 말 1 \| 요 18 |
| 29 | 왕하 10 \| 딤후 1 \| 호 2 \| 시 119:97~120 | 29 | 대상 26~27 \| 벧후 1 \| 미 4 \| 눅 13 | 29 | 대하 34 \| 계 20 \| 말 2 \| 요 19 |
| 30 | 왕하 11~12 \| 딤후 2 \| 호 3~4 \| 시 119:121~144 | 30 | 대상 28 \| 벧후 2 \| 미 5 \| 눅 14 | 30 | 대하 35 \| 계 21 \| 말 3 \| 요 20 |
| 31 | 왕하 13 \| 딤후 3 \| 호 5~6 \| 시 119:145~176 | | | 31 | 대하 36 \| 계 22 \| 말 4 \| 요 21 |

FREE
NOTE

FRE
NOTE

FREE
NOTE

FREE
NOTE

매일 큐티 노트

**NCD몰** | www.ncdmall.com